Bouger c'est la sante

Être bien dans sa peau

Scot Ritchie

Texte français d'Isabelle Fortin

Éditions
SCHOLASTIC

Au club de natation du YMCA ainsi qu'à mes camarades des Flying Sharks. Et aussi à Kristin, pour ses conseils sur la santé et le mouvement. – S.R.

Catalogage avant publication de Bibliothèque et Archives Canada

Ritchie, Scot

[See how we move! Français]

Bouger c'est la santé : être bien dans sa peau / Scot Ritchie, auteur et illustrateur ; texte français d'Isabelle Fortin.

Traduction de: See how we move!
ISBN 978-1-4431-6827-4 (couverture souple)

1. Exercice--Ouvrages pour la jeunesse. 2. Santé--Ouvrages pour la jeunesse. I. Titre. II. Titre: See how we move! Français

RA781.R5814 2018 j613.7'042 C2017-906077-5

Édition publiée par les Éditions Scholastic, 604, rue King Ouest, Toronto (Ontario) M5V 1E1, avec la permission de Kids Can Press Ltd.

5 4 3 2 1 Imprimé en Malaisie CP130 18 19 20 21 22

Les illustrations de ce livre ont été créées par ordinateur.
Le texte a été composé avec la police de caractères Futura.
Conception graphique de Julia Naimska

MIXTE
Papier issu de sources responsables
FSC® C012700

Table des matières

Corps et esprit

Demain sera un grand jour pour nos cinq amis. Leur équipe de natation, les Requins volants, participera à une compétition organisée par leur école. Ils s'entraînent depuis des semaines pour préparer leur corps et leur esprit, et nager comme jamais auparavant. Aujourd'hui, la mère de Nicolas conduit le groupe à la piscine municipale pour un dernier entraînement. Ils iront ensuite au centre communautaire où une surprise les attend.

T'arrive-t-il de te demander comment ton corps et ton esprit travaillent ensemble? Le corps peut accomplir des choses incroyables quand on est motivé!

Immeuble d'habitation de Yannie
Piscine municipale
Max
Oli
Centre communautaire

C'est un départ!

— Avez-vous vos lunettes de natation? demande la mère de Nicolas avant de partir.

Oh non! Martin se rend compte qu'il a oublié les siennes chez lui. Ses lunettes l'aident à bien voir sous l'eau, et il sait qu'il aura de la difficulté à nager sans elles. Par chance, Nicolas en a une deuxième paire. Martin pourra la lui emprunter, car elle lui va parfaitement!

Un équipement de sport adapté aide à améliorer sa performance et sert parfois aussi à se protéger. Yannie arrive à bicyclette. Son casque rouge lui protège la tête. Il est bien ajusté de façon à tenir en place en cas de chute.

Tous en mouvement

En route vers la piscine, nos amis discutent des sports et des jeux qu'ils aiment. Ils savent à quel point il est important d'être actif. L'exercice aide le cœur, les poumons, les muscles et les os à rester forts et en bonne santé. De plus, l'exercice favorise la bonne humeur et donne de l'énergie.

Quelles activités fais-tu pour rester actif?

Les activités qui sollicitent autant le corps que l'esprit sont captivantes. Par exemple, quand tu danses, tu dois te rappeler les pas tout en te déplaçant rapidement. Quel défi!

Je vais partout à vélo!
Je saute à la corde.
Je fais de la gymnastique et de la danse.
J'aime faire voler mon cerf-volant et dévaler les collines en roulant!

Tu t'échauffes...

Laura, l'entraîneuse, demande aux enfants de faire des exercices d'échauffement et de s'étirer un peu avant de sauter dans la piscine. En faisant travailler légèrement ses muscles au début d'une activité physique, on diminue le risque de se blesser. Comme Martin et Yannie ont manqué le dernier entraînement, ils font quelques exercices de plus.

Lors d'un effort physique, le corps réagit. Souvent, la respiration devient plus forte et les battements du cœur s'accélèrent. On peut aussi transpirer, avoir soif... ou se sentir bien!

C'est difficile. Je suis à bout de souffle!

Saute dans l'eau!

Il est temps de se mettre au travail. Pedro suggère à ses coéquipiers de commencer par leur nage préférée : le crawl. Laura, l'entraîneuse, regarde l'horloge.

— À vos marques! Prêts? Partez!

Chacun y met tout son cœur. Allez, les Requins volants!

Sandrine est déçue d'avoir terminé dernière. Mais les encouragements de ses coéquipiers l'ont beaucoup soutenue.

Allez, Sandrine!
Beau travail, Sandrine!
Tu vas y arriver!

Je peux y arriver

Sandrine a peur de ne pas être à la hauteur lors de la rencontre de demain. Elle sait qu'elle peut faire mieux.

— Mon mouvement de bras est bon, mais je dois battre des jambes plus fort, dit-elle. J'irai plus vite.

— Bonne idée! lance Pedro. Moi, ça m'a beaucoup aidé.

L'entraîneuse, Laura, conseille l'équipe au besoin. Mais Sandrine doit aussi trouver elle-même des solutions en réfléchissant à ses forces et à ce qu'elle pourrait améliorer.

Le temps de s'amuser

Ouf! Quel entraînement! Même s'ils sont fatigués, les Requins volants terminent toujours leur séance par des étirements et une période de récupération pendant laquelle ils peuvent s'amuser.

Dès que le ballon touche l'eau, nos amis ont un regain d'énergie. Pratiquer un sport ou une activité entre amis est une façon motivante de rester actif.

Pendant la baignade libre, le groupe s'amuse toujours. Être actif contribue à se sentir bien dans son corps et à avoir un esprit positif.

Gérer le stress

Après s'être séchés, nos amis sont prêts pour la collation. Mais Pedro n'a pas faim. La compétition de demain le rend nerveux. Yannie sait ce qui l'aide toujours à se sentir mieux. Elle rassemble donc l'équipe pour un câlin de groupe!

Quand tu te sens anxieux ou triste, certaines choses peuvent t'aider à te sentir mieux : en parler à ton enseignant ou à tes parents, respirer profondément, passer un moment tranquille ou demander un câlin. Tu peux aussi aider les autres lorsqu'ils en ont besoin!

Je suis heureux que tu fasses partie de l'équipe, Yannie.

Les mains propres

Personne ne veut être malade avant la grande rencontre. Nos amis se lavent donc souvent les mains avec de l'eau et du savon. C'est un bon moyen de prévenir la propagation des germes qui peuvent nous rendre malades.

Les germes sont si petits qu'on doit utiliser un microscope pour les voir. Pour les empêcher de se propager, on peut tousser dans le creux de son coude et rester loin des gens quand on est malade… ou quand eux le sont.

QUINS
REQUINS
VOLANTS

Une petite collation?

Maintenant, tout le monde a faim! Après avoir dépensé beaucoup d'énergie dans la piscine, nos amis ont besoin de manger. Ainsi, leur corps et leur esprit continueront à bien fonctionner. Pour se sentir bien et avoir les idées claires, on doit manger des aliments variés provenant des cinq groupes alimentaires et boire beaucoup d'eau.

Manger une grande variété d'aliments sains, c'est un des plus beaux cadeaux que tu puisses faire à ton corps. Quels sont tes aliments préférés?

J'ai apporté une orange et du yogourt.
J'ai apporté du pain pita et du fromage.

Corps et cerveau

À l'intérieur, nous sommes tous semblables. Nous avons des os, des muscles, des organes et bien plus encore! Sur cette image, peux-tu trouver le cerveau? Et les muscles des jambes? Pendant que tu dors, ton corps travaille. Il est occupé à digérer ton dernier repas ou à réparer un muscle froissé. Quant à ton esprit, il règle des problèmes et traite les événements de la journée. Notre corps est tout simplement incroyable!

Après l'entraînement, Nicolas a mal à l'épaule. Il espère que quelques étirements et une bonne nuit de sommeil lui feront du bien.

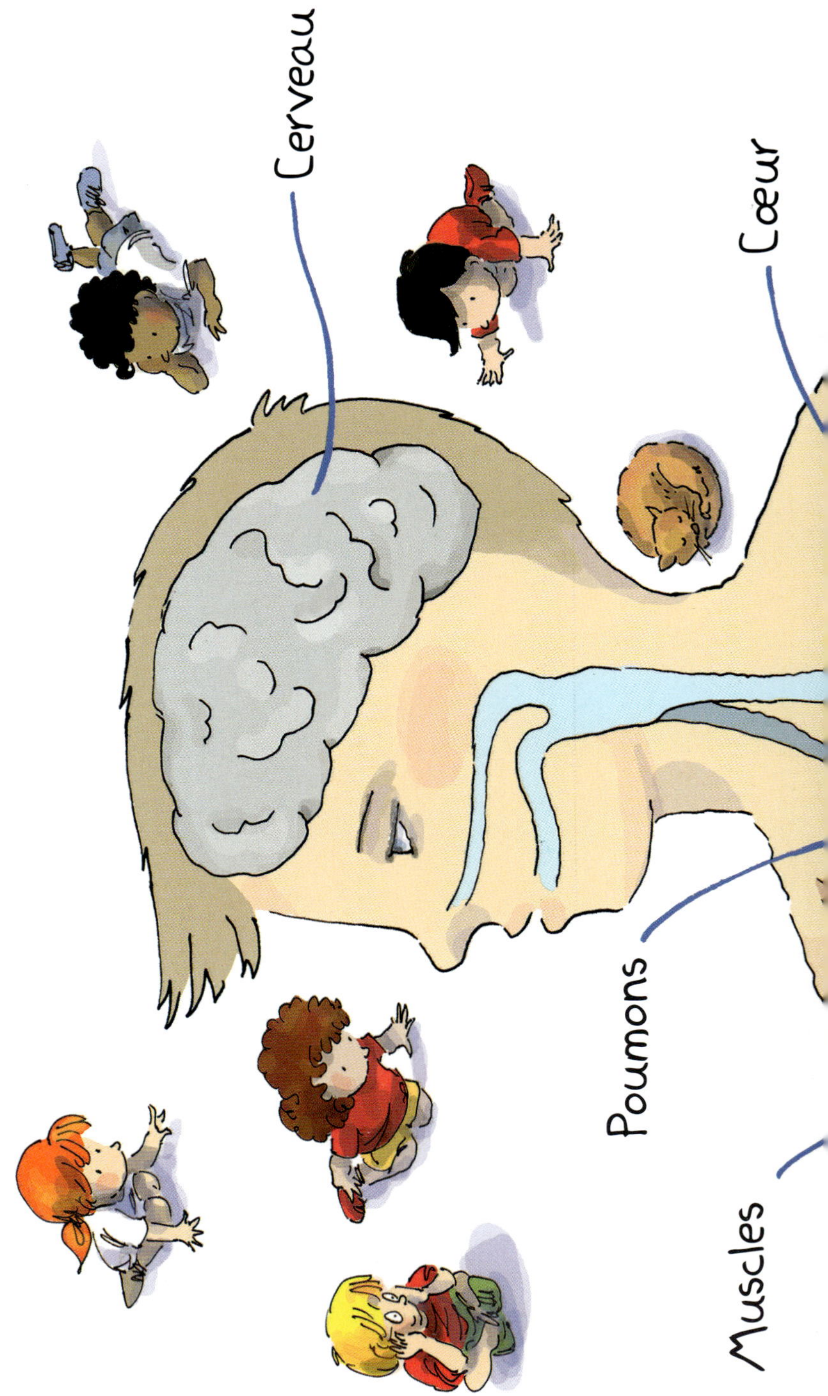

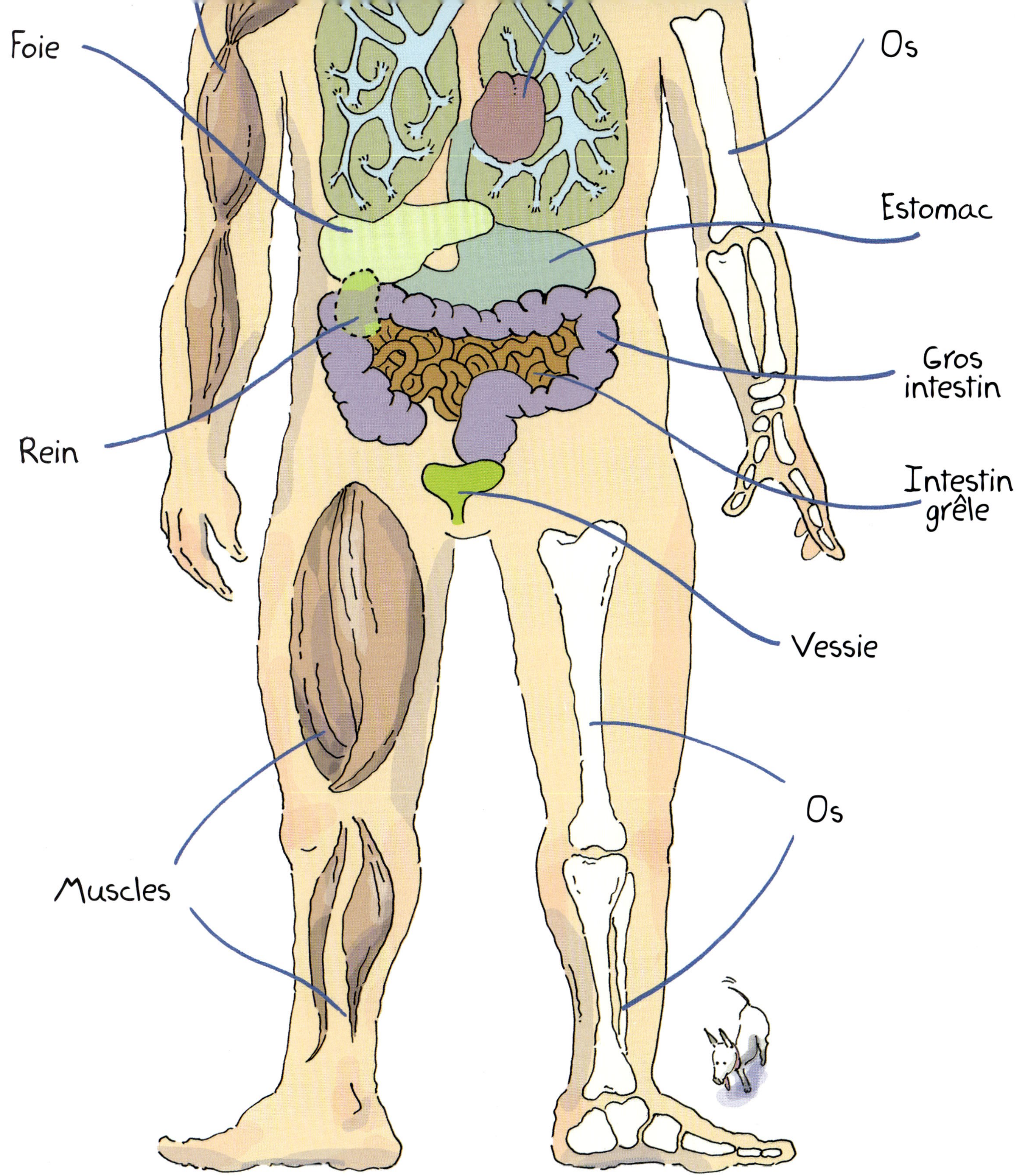
Foie
Os
Estomac
Gros intestin
Rein
Intestin grêle
Vessie
Os
Muscles

Un exemple à suivre

Nos amis filent ensuite vers le centre communautaire pour découvrir ce que leur entraîneuse leur a réservé. Surprise! Une nageuse olympique s'y entraîne. Les enfants l'observent : elle respire profondément plusieurs fois avant de plonger dans la piscine. Laura leur explique que la respiration profonde a un effet apaisant sur le corps. Demain, si nos cinq amis prennent le temps de faire cela juste avant la course, ils arriveront à mieux se concentrer et auront davantage d'énergie.

T'imaginer en train de gagner une course ou d'atteindre un but peut t'aider à réussir. Ce processus s'appelle la *visualisation.*

C'est le grand jour!

Le jour de la compétition, tout le monde est en pleine forme. Même l'épaule de Nicolas va mieux.

L'entraînement de l'équipe a porté ses fruits. Regarde nos nageurs filer!

Sandrine est heureuse d'avoir battu son record personnel.

Jouons un peu...

Si tu sors chaque jour prendre l'air et jouer avec tes amis pendant 60 à 90 minutes, tu te sentiras bien de la tête aux pieds!

Voici quelques idées d'activités :

Comme un ours

Cette activité s'adresse aux jeunes de tous les âges. Chacun avance en s'appuyant sur les mains et les pieds. Voyons voir qui sera le plus rapide… ou grognera le plus fort!

Plouf!

À l'aide d'une craie, trace deux lignes sur le sol pour représenter une rivière. Assure-toi que la largeur varie (de quelques centimètres à un maximum de 1,20 m). Amusez-vous, tes amis et toi, à sauter à tour de rôle par-dessus la rivière. Tu peux marquer avec la craie l'endroit où chacun atterrit.

Hélicoptère

Ce jeu de corde à sauter se joue à plusieurs. Prends la corde par un seul bout et demande aux autres de former un cercle autour de toi. Fais ensuite tourner la corde en cercle au ras du sol. Tous les joueurs doivent sauter par-dessus la corde. Les participants font tourner la corde à tour de rôle.

Mots à retenir

Activité physique : Activité qui permet au corps d'être actif, ce qui aide le cœur, les poumons, les muscles, les os et le cerveau à rester en santé.

Alimentation : Nourriture dont le corps a besoin pour avoir de l'énergie. Elle doit être saine et équilibrée pour que le corps fonctionne bien.

Échauffement : Exercices qui permettent de s'étirer doucement les muscles afin de les assouplir avant de pratiquer une activité physique. C'est une bonne façon d'éviter les blessures.

Entraîneur : Personne qui enseigne un sport et dirige un entraînement sportif. Un entraîneur de natation peut préparer les nageurs à une compétition, par exemple.

Équipement sportif : Articles utilisés pour pratiquer un sport et qui servent, entre autres, à se protéger ou à améliorer sa performance. De nombreux sports nécessitent de l'équipement : lunettes pour la natation, protège-tibias pour le soccer, etc.

Germe : Organisme si petit qu'il faut un microscope pour le voir. Les germes peuvent causer des maladies et des infections. Le lavage des mains avec de l'eau et du savon aide à prévenir la propagation des germes.

Record personnel : Meilleur temps ou résultat jamais atteint par un athlète.

Respiration profonde : Technique de respiration qui permet de réduire l'anxiété ou le stress. La respiration lente et profonde aide les athlètes à se concentrer et à rester calmes.

Visualisation : Action de s'imaginer en train d'atteindre un objectif. Cette technique peut aider les athlètes à se préparer à franchir la ligne d'arrivée!